W0348364

JENNIFER MOORE-MALLINOS - GUSTAVO MAZALI

UN TRENINO CARICO DI... EMOZIONI

MACRO

Cesena • Paris • Montréal • Barcelona • Madrid • Santiago de Chile

www.gruppomacro.com

Indi

C
e

Sono rilassata

Mi sento calma e rilassata quando il mio corpo e i miei pensieri sono tranquilli, **è come galleggiare su una nuvola**.
A volte, quando il mio cuore batte forte e mi sento tesa, devo fare tre respiri profondi, facendo entrare l'aria dal naso e lasciandola uscire dalla bocca. Quando i miei respiri rallentano, la mia voce si addolcisce e le mie braccia e le mie gambe sono morbide, sono rilassata.

Sedermi sul letto comodo e confortevole,
e guardare le stelle nel cielo, questo mi fa sentire rilassata.
Ahhh.

Il cagnolino vivace!

Quando torno a casa da scuola, il mio cagnolino Chicco è vivacissimo, sembra una trottola impazzita. **È così felice**, sembra addirittura che sorrida. Quando Chicco è così vivace e non riesce a calmarsi gli do il suo giocattolo preferito. Lui lo prende in bocca e lo getta in aria aspettando che io lo riprenda.

Sentirsi spensierati e pieni di energia è un'emozione positiva.

Mi sento a mio agio

Mi sento davvero a mio agio quando sono rannicchiata
nel mio letto con la mia bambola preferita.
Rifugiarmi sotto le coperte soffici,
mi fa sentire calda e comoda,
soprattutto quando fuori fa freddo.
**Non c'è nulla di più speciale che stare
raggomitolati vicino a qualcuno che ami**,
che ti fa sentire protetta e felice.
Adesso sì che sono a mio agio!

Cosa ti fa sentire a tuo agio?

Sono un orsetto scontroso!

A volte, quando sono di cattivo umore, la mamma mi chiama “orsetto scontroso”. Quando mi sento scontroso, **posso essere burbero e irascibile**. Ogni tanto mi capita addirittura di “ringhiare”, tenere il broncio e dire cose che non penso e questo non va bene. So che capita a tutti di essere scontrosi di tanto in tanto, ma è quello che fai quando sei arrabbiato che conta. Andare da solo in un posto tranquillo o fare una passeggiata mi aiuta a sbarazzarmi dell’orsetto scontroso che è dentro di me.

E tu, cosa fai quando ti senti scontroso e irascibile?

Il pigro signor Bradipo

Sapevi che il signor Bradipo è un gran pigrone?
È lento e fiacco e **vuole solamente sdraiarsi e non far nulla**. Quando il pigro signor Bradipo ha un compito da portare a termine, ha bisogno di tutte le sue forze.
Va bene essere tranquilli e pigri di tanto in tanto, ma quando è il momento di mettersi in moto, è il momento di mettersi in moto.

E tu, ti senti mai pigro?

L'attesa

Mike è così eccitato quando gira la manovella di Jack e la musica comincia a suonare! È impaziente mentre aspetta che Jack salti fuori dalla sua scatola. Lo sguardo sorpreso sul viso di Mike, quando scatta la molla, fa ridere tutti. L'attesa è lo stesso sentimento che provi **la sera prima della tua festa di compleanno**, quando non riesci ad aspettare per aprire i regali.

Attesa: che bella sensazione!

Sono così deluso!

Hai mai voluto davvero fare qualcosa, ma per qualche motivo non hai potuto? Il sentimento che provi quando questo accade si chiama delusione. Ero così deluso quando io e il mio migliore amico avevamo deciso di andare al parco, ma **siamo dovuti restare a casa perché è arrivato un temporale**... Però, invece che restare lì tristi e arrabbiati, abbiamo trovato qualcos'altro di divertente da fare.

Cosa fai quando ti senti deluso?

Sono così orgoglioso!

Verniciata di un rosso scintillante nuovo di zecca,
la mia macchinina da corsa aspetta che la bandierina
si abbassi per iniziare la gara. Sono partite!
La macchinina rossa sfreccia sul circuito
e **cerca con tutte le sue forze di vincere**.
Poi, dopo 4 giri, la macchinina vince!
Che bella medaglia d'oro! Sono davvero orgoglioso.

Urrà, ce l'ho fatta!

Mi sento al sicuro

Mamma e Papà mi fanno sentire al sicuro perché ci sono sempre quando ho bisogno. Si prendono cura di me quando sono ammalata, mi lasciano intrufolare nel loro letto quando faccio brutti sogni e sono spaventata e, quando usciamo in macchina, si assicurano che io sia ben allacciata al sedile, sana e salva.

Cosa ti fa sentire al sicuro?

Colpevole!

Hai mai fatto qualcosa che sapevi di non dover fare, come raccontare una bugia o rubare un dolcetto in cucina? Poi succede che ci stai male.
Quando il mio cagnolino viene sorpreso a fare qualcosa che sa di non dover fare, come mordicchiare la mia scarpa, si sente colpevole. Mi guarda con gli occhioni, le orecchie penzolanti e mette la coda tra le zampe. Sentirsi colpevoli non è una bella sensazione ed ecco perché, se ti capita di sentirti in colpa per qualcosa che hai fatto, devi cercare di rimediare.

E cerca di non farlo mai più!

Madre Natura è allegra oggi!

Quando il sole splende, c'è una brezza calda e gli uccellini cantano, è allora che sai che Madre Natura è allegra. E quando Madre Natura è allegra, fa sentire tutti felici e liberi come una nuvola bianca e soffice che fluttua in cielo. L'allegria è una bella sensazione, quindi **trova ogni giorno una cosa che ti fa sentire allegro e felice**.

Sorridi!

La gelosia

Succede quando qualcuno ha qualcosa che vorresti anche tu:
è così che ci si sente quando si è gelosi. Desideravo tanto prendere un bel 10 nel compito, invece è stato il mio compagno ad averlo, a me è toccato solo un 8. Mi sono sentito veramente arrabbiato e geloso. Sai che a volte, quando una persona è gelosa e arrabbiata, può dire e fare cose spiacevoli?
La gelosia è veramente un sentimento negativo.

Accontentati di quello che hai!

Nelly Nervosa, la cerbiatta agitata

Ti è mai capitato di vedere un cerbiatto un po' impaurito, che corre di albero in albero cercando di nascondersi, specialmente quando ci sono persone attorno?
Ogni volta che Nelly è nel prato e sente un rumore, diventa agitata e un po' nervosa. **E allora corre a più non posso per stare accanto alla sua mamma.** Avere la mamma vicino aiuta Nelly a sentirsi meglio.

E tu, quando ti senti agitato?

Teso come... un elastico!

Hai mai provato a tendere un elastico e, non importa quanto duramente ci provi, l'elastico è così rigido che non ci riesci? A volte, quando mi sento teso e stressato, **i miei muscoli si contraggono e si irrigidiscono**. Di solito mi accade quando vado dal dentista e sono un pò spaventato e nervoso.

Fare un respiro profondo mi aiuta a rilassarmi.

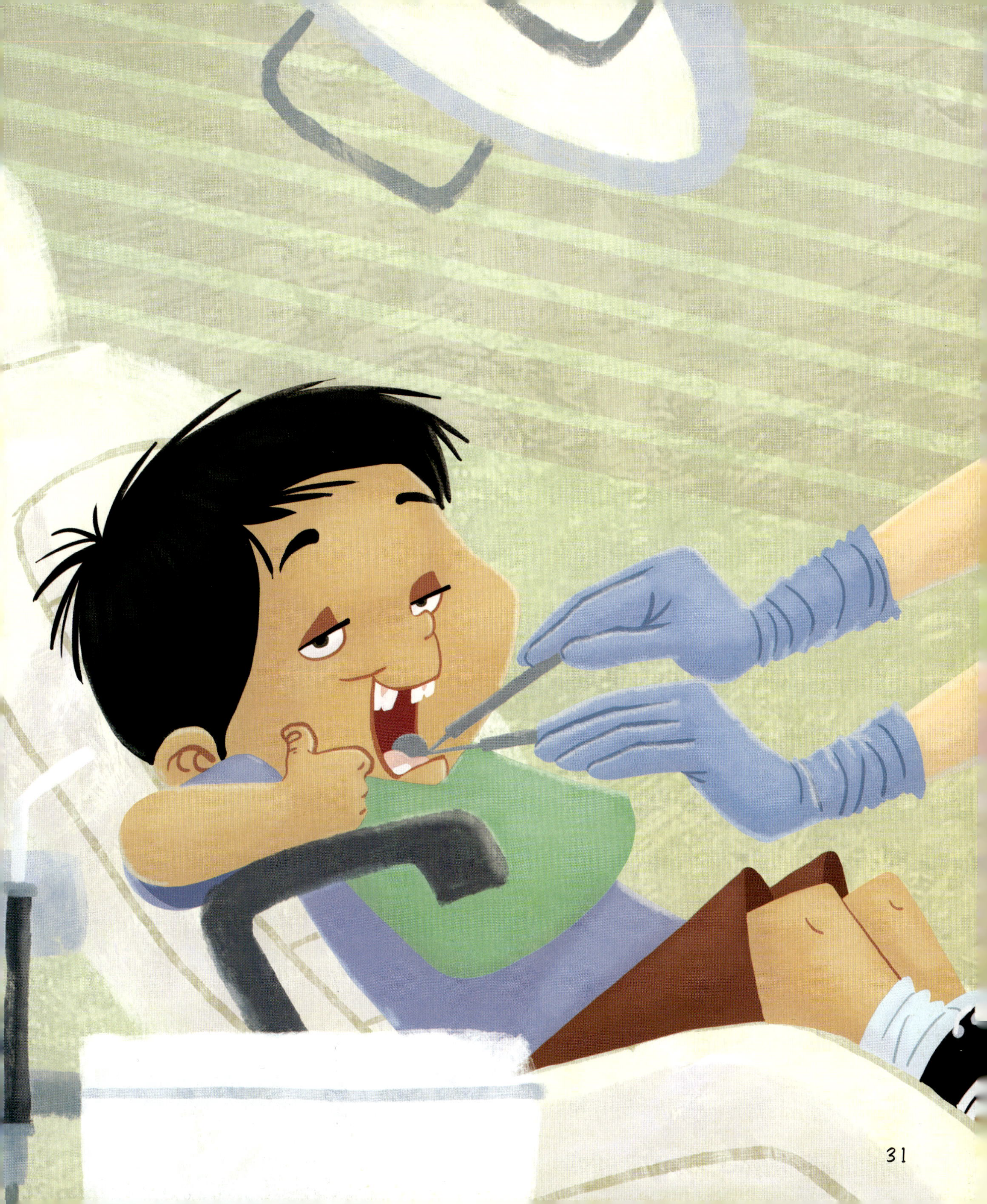

Preoccupazione

Quando c'è qualcosa che mi preoccupa non riesco a smettere di pensarci, ad esempio al voto della verifica di matematica o a cosa succederà quando mio fratello scoprirà che ho rotto la sua bici.

Allora so che devo fare qualcosa per rimediare.
Essere preoccupati, nervosi e spaventati non è una bella sensazione, ma so che se studierò di più e dirò la verità, molte delle mie paure scompariranno.

Qual è una cosa che ti preoccupa?

B

È così frustrante!

Hai mai provato a fare qualcosa e, non importa quanto duramente tu ti sia sforzato, e non ci sei riuscito?
Come una trottola che prova a non fermarsi, ma dopo un po' rotola di lato e si ferma.
È così frustrante e ti fa talmente arrabbiare che vuoi solo lasciar perdere, ma non ti devi dimenticare che se continui a provare, sicuramente riuscirai a farcela.

Ti viene in mente una volta in cui ti sei sentito frustrato e volevi arrenderti?

L'amore di Mamma Anatra

Mamma Anatra si prende cura dei suoi anatroccoli: li porta a nuotare nello stagno e **si assicura sempre che siano al sicuro, felici e contenti.** Mamma Anatra ripete ogni giorno ai suoi anatroccoli quanto li ama. Sapere che qualcuno si prende cura di te è una bella sensazione.

Chi ti fa sentire amato?

Paurissima!

La paura è un insieme di brutte sensazioni.
È essere veramente spaventati, veramente preoccupati e veramente nervosi, tutto insieme.
A volte mi sento spaventato quando è ora di andare a letto e fuori c'è un temporale. Ogni volta che vedo i fulmini e sento i tuoni nel cielo, il mio cuore comincia a battere forte forte e divento tutto sudato e l'unico modo per smettere di tremare è nascondermi sotto le coperte.

Cosa ti fa veramente paura?

Entusiasmo, che bella sensazione!

Ho sognato che ero una rock star e centinaia di persone venivano a sentirmi cantare. **Quando sono salito sul palco, la folla è impazzita!** Erano così eccitati e felici, esultavano e applaudivano e saltavano su e giù. L'entusiasmo è una sensazione potente!

Ti sei mai sentito talmente tanto emozionato che ti sembrava di andare a fuoco?

Vergognarsi

Ti senti veramente male quando fai qualcosa di sbagliato, come dare la colpa alla tua amica anche se non è stata lei e farla finire nei guai.
Non è bello **quando l'unica cosa che vuoi fare è nasconderti** perché ti senti tanto triste e dispiaciuta per quello che hai fatto.

Scusarsi e dire che non accadrà più, a volte può aggiustare le cose!

Che imbarazzo!

Non dimenticherò mai quanto mi sono sentito in imbarazzo quella volta al parco acquatico quando, scendendo giù per lo scivolo, il mio costume si è strappato! Quando sono uscito dalla piscina, **la mia faccia è diventata tutta paonazza e calda**. Mi sono sentito goffo mentre cercavo di coprire lo strappo sul mio costume e volevo solo nascondermi. La cosa divertente è che nessun altro, a parte me, ha notato lo strappo.

Ti è mai capitato di sentirti in imbarazzo?

Il clown sciocccherello

I clown sembrano un po' sciocccherelli! Fanno cose divertenti per farci ridere, come inciampare sulle loro scarpe enormi, portare vestiti colorati e fare facce buffe.
Quando mi sento sciocccherello, **è come se avessi una bolla nella mia pancia** e, quando la bolla all'improvviso scoppia, mi piace ridacchiare e saltellare come un pazzo.

Ogni tanto fa bene lasciare andare tutti i pensieri.

Mi sento insofferente

Quando ho fretta e tutti gli altri bambini della fila vanno troppo lentamente, vado su di giri e mi irrito. Ogni volta che accade, comincio a battere il piede a terra e vorrei gridare a tutti di darsi una mossa!

A volte è veramente difficile aspettare! Cosa ti fa sentire insofferente?

Il signor Timidone

Sei mai andato in un posto nuovo, dove ci sono molte persone che non conosci e, all'improvviso, ti viene la tentazione di nasconderti sotto un tavolo?
Ogni volta che incontro persone nuove che mi dicono: "Ciao" divento silenzioso e distolgo lo sguardo. Quando succede la mamma dice che mi comporto come il signor Timidone.

E tu, sei timido?

Confuso!

Ti è mai capitato di non sapere **cosa fare o in che direzione andare**, e più cerchi di capire le cose e più difficile diventa? A volte mi sento così disorientato quando guido il mio trenino e ci sono talmente tanti binari tra cui scegliere! Mi confondo sempre e non so mai quale percorso prendere perché, ogni binario, va in una direzione diversa. Quando sono veramente bloccato e non so cosa fare, chiedo a mio fratello di aiutarmi.

Tutti hanno bisogno di un po' di aiuto per vedere le cose più chiaramente.

La città fantasma

Tutto solo senza nessuno attorno. Nessun tip tap di passi che attraversano la città. **È tutto tranquillo e silenzioso e non è una bella sensazione.** Sai che ti puoi sentire solo e isolato anche quando sei circondato da tante persone? A volte, quando mi sento solo, chiamo un amico oppure chiedo a mio fratello o a mia sorella di giocare con me.

Ci sono delle cose che puoi fare quando ti senti solo?

Imparare cose nuove, che paura!

Hai mai provato a imparare qualcosa che davvero ti spaventa?
Imparare a nuotare mi spaventava tantissimo.
All'inizio, ogni volta che mi avvicinavo all'acqua,
in una piscina o su una spiaggia, i miei occhi
si facevano grandi grandi. **Piangevo e scappavo via.**
Ma è normale avere paura di imparare cose nuove.
E, indovina un po'? Ho fatto un passo alla volta,
esercitandomi con l'istruttore di nuoto, e ora adoro nuotare.
Ho superato la mia paura!

C'è qualcosa che ti spaventa?

Gattini giocherelloni

Hai mai visto un gattino stare fermo?

Sicuramente solo quando dorme!
I micini sono sempre in movimento: corrono, rincorrono le loro code, saltano su e giù dai rami o dalle poltrone e fanno la lotta.
A volte, quando i gattini diventano troppo vivaci, combinano guai, come rimanere aggrovigliati al gomitolo di lana della nonna.

I gattini vogliono solo divertirsi!
Giocare senza pensieri è così bello!

Che barba!

Che barba quando piove e fuori fa freddo e non so cosa fare! **Non ho energie, sono stanca e non ho voglia di fare niente.** Non mi sento né triste né felice! Il modo migliore per sbarazzarsi da questa sensazione è alzarsi dal divano e fare qualcosa! Magari chiamare un amico o leggere un bel libro.

Non importa che cosa, l'importante è cominciare!

La teiera che fuma di rabbia

Hai mai visto una teiera che bolle? Diventa incandescente, il vapore esce dal beccuccio e sembra che il coperchio stia per saltare via da un momento all'altro! Fumare di rabbia è una sensazione poco piacevole ed è molto più che essere semplicemente arrabbiati. **Ci si sente sul punto di esplodere.** Ma come sbollire? Cerca di fare dei respiri profondi per rilassarti e calmarti.

Quando si è così pieni di rabbia,
ogni problema diventa insormontabile.

Ricky il procione monello

Ricky, il procione monello, adora andare in espolarazione **ma, a volte, la sua curiosità lo mette nei guai**, specialmente quando vuole scoprire quali deliziosi tesori si nascondono in un cassonetto. Quando Ricky fa il monello e ribalta il cassonetto, è davvero birichino e dispettoso.

Ti senti mai dispettoso?

Dire grazie

Ogni volta che porto a scuola il mio orsacchiotto,
mi sento veramente felice e sollevata di averlo con me,
perché così non sono sola.
Lo ringrazio quando lo guardo accoccolato nel mio zaino
mentre siamo insieme sullo scuolabus.
Ti sei mai sentito così felice di avere qualcosa, da non riuscire
a smettere di dire: "Grazie"? **Sentirsi riconoscenti è una sensazione dolce.**

È importante mostrare la propria gratitudine con un abbraccio, un "grazie" o anche un bigliettino speciale.

Mi sento coraggiosa!

Hai mai dovuto fare qualcosa che ti spaventava davvero, ma sapevi che era la cosa giusta da fare e l'hai fatta, superando le tue paure? È così che ci si sente quando si è coraggiosi. Mi ricordo quando ho perso la spilla preferita di mia sorella: mi ci è voluto molto coraggio per dirle cos'era successo. Mia sorella era triste per la sua spilla, ma era felice che le avessi detto la verità.

Hai mai dovuto fare qualcosa di veramente difficile, ma che sapevi andava fatto?

Il cuore spezzato

Ti sei mai sentito triste, ma così triste, da avere il cuore spezzato? Mi sono sentito così quando il mio cagnolino Cochi si è ammalato e non si è più guarito. Ero così amareggiato che mi sentivo come se avessi perso per sempre il sorriso. Quando i miei amici cercavano di farmi star meglio, non importava cosa facessero o dicessero, non c'era nulla che mi aiutasse. **Ero totalmente distrutto e non riuscivo a smettere di piangere.** Con il passare del tempo, quel dolore così forte è passato, e ho cominciato a sentirmi meglio.

Non dimenticherò mai Cochi...

Dennis il bullo

Ogni giorno a pranzo, Dennis il bullo viene verso il mio tavolo e mi guarda **con occhi cattivi e spaventosi**, perché vuole che gli dia i miei biscotti.
Io non voglio dargli i miei biscotti, ma Dennis mi infastidisce e mi fa paura, specialmente quando mi fissa e mi parla con voce minacciosa. Sentirsi intimiditi e minacciati non è una bella sensazione.

È una sensazione che ti suggerisce che devi chiedere aiuto a un adulto.

Mi annoio!

Tutti si sentono annoiati di tanto in tanto.
Sai quando hai la sensazione che non ci sia nulla da fare perché **niente sembra interessante o divertente**, e l'unica cosa che puoi dire è: "Mi annoio"?
È in quel momento che devi inventarti qualcosa.
Sapevi che sentirsi annoiati è una grande opportunità per provare cose nuove?

La parte divertente è che una volta che cominci a fare qualcosa, ti dimentichi davvero che eri annoiato.

Il vento che si credeva invincibile

Sentendosi forte e invincibile, il vento ululava nella pianura, smuovendo tutto ciò che incontrava sul suo cammino, tutto tranne un grande albero. **Quell'albero rimaneva dritto e sicuro e le sue radici crescevano forti** e solide nel terreno. Non importava quanto forte soffiasse il vento, l'albero non si muoveva, perché si sentiva forte e fiducioso.

Qual è stata la volta in cui ti sei sentito forte, coraggioso e invincibile?

Serena come un bimbo che dorme

Hai mai osservato un bimbo che dorme? Ogni volta che il mio fratellino si addormenta, **sembra così sereno e felice**. Proprio prima di andare a nanna, fa il bagnetto nell'acqua calda e succhia il biberon.
Poi si raggomitola, al sicuro, nella sua culla.
Gli abiti caldi e un pancino pieno fanno contento il mio fratellino. Ha tutto ciò che gli serve, circondato dal nostro amore.

E tu, quando ti senti sereno e contento?

Il ragno operoso

Il ragno operoso fa sempre molta attenzione
ai dettagli e tesse con cura il suo filo,
assicurandosi che la tela sia perfetta.
Lavora con impegno, è molto diligente.
Sentirsi diligenti è una bella sensazione.
È quello che provi **quando impieghi tempo e cura per fare qualcosa nel miglior modo possibile**.

Sei diligente quando fai i compiti
o quando aiuti la mamma?

Rossana la tartaruga riservata

A volte la mia tartaruga Rossana vuole rimanere da sola e lontana dalle persone, così si rifugia dentro al suo guscio. Quieta e riservata, se ne sta lì dentro finché non ha di nuovo voglia di giocare. All'inizio pensavo che Rossana non volesse essere mia amica, ma ora so che per **lei è normale voler stare un po' da sola**.

Quando sarà pronta, uscirà fuori dal suo guscio.

Ernesto Maldestro

Hai mai provato a fare qualcosa di nuovo che ti ha fatto sentire goffo e maldestro? È successo a Ernesto la prima volta che ha provato a pattinare sul ghiaccio. Sentiva i pattini pesanti ai suoi piedi e non riusciva a muoversi. Sbatteva le braccia come se fossero ali per tenersi in equilibrio. Che buffo! **Dopo molta pratica, le cose sono diventate più semplici** e Ernesto ora fila sui pattini veloce come il vento!

Ti sei mai sentito maldestro?

Che mal di pancia!

Hai mai mangiato talmente tanti dolcetti da farti venire il mal di pancia? Mi è successo una volta e non solo perché avevo mangiato tutti i dolcetti, ma anche perché avevo disubbidito alla mamma che mi aveva detto di mangiarne solo uno. **Farsi venire il mal di pancia per aver fatto qualcosa che sapevi di non dover fare**, non è una bella sensazione. La prossima volta è meglio ascoltare la mamma.

Ti è mai venuto il mal di pancia per aver fatto qualcosa che non avresti dovuto fare?

Mi dispiace!

Hai mai fatto qualcosa che non avevi intenzione di fare? Una volta sono inciampato per sbaglio sulla torre di mattoncini del mio amico, rompendogliela. **Mi sono sentito triste per aver distrutto la sua costruzione e per aver ferito i suoi sentimenti.** Gli ho detto che mi dispiaceva e che la prossima volta sarei stato più attento.

L'ho aiutato a ricostruire la torre e siamo ritornati di nuovo amici.

La mia sorellina è curiosa

Hai mai visto un bimbo curioso?
Alla mia sorellina piace scoprire il mondo attorno a sé. Con gli occhi spalancati, gattona in giro ed esplora. Usa le sue manine per toccare gli oggetti e il naso per annusare le cose, che a volte si mette addirittura in bocca. Essere curiosi ci aiuta ad imparare e tutti sanno che **imparare cose nuove è sempre divertente!**

E tu, sei curioso?

Quante emozioni e sentimenti!!!

Tutti proviamo sentimenti ed emozioni. Ci sono sentimenti buoni, come la felicità, la sorpresa e l'entusiasmo e sentimenti meno buoni, come la tristezza, la rabbia e la gelosia, ma fanno tutti parte di noi! Quando proviamo un'emozione positiva cerchiamo di capire cosa ci ha fatto sentire così e teniamolo bene in mente perché, ripensandoci, ritroveremo facilmente il sorriso e il buon umore e allontaneremo tristezza e noia.

Ma qualunque essi siano, i tuoi sentimenti e le tue emozioni fanno parte di te.

Come ti Senti oggi?

UN TRENINO CARICO DI... EMOZIONI

Titolo originale: A whole bunch of feelings?

c/Castell, 38; Teià (08329) Barcelona, Spain
www.mercedesros.com

coordinamento editoriale: Sara Broccoli
traduzione: Eleonora Bernucci
testo: Jennifer Moore-Mallinos
Illustrazioni: Gustavo Mazali
Design e layout: Estudi Guasch, S.L.
editing: Valentina Pieri
copertina: Roberto Monti
stampato in una coedizione internazionale, Cina

I edizione marzo 2019

un marchio del Gruppo Macro
Via Giardino 30, 47522 Cesena (FC)
ISBN 9788893198042